MERCI !

À nos fidèles contributeurs Ulule.
Aux illustrateurs qui ont accepté des conditions de travail inacceptables.
Aux Grands Maîtres du haïku éternel – qu'ils reposent en paix au Takama-ga-hara.

CORON'HAÏKU

UN JOUR • UN HAÏKU • UN PANGOLIN

Textes : *Emile Bertier & Vincent Travaglini*

Illustrations : *Gautier Ds, Jean Chauvelot, Gabriel Leonard, M. la Mine, Raphaël Caloone, Etienne Panier, VAL, LePueblo, Jérémy Fratczak, Christophe Swijsen, Olma Niak, Julien Faye, Alex Mayo, Marie Dupasquier, Un Faux Graphiste & Penseur Étoile, Brice Dumas, Marine Loscos.*

ÉDITIONS BANDES DÉTOURNÉES

Première édition

Achevé d'imprimer au troisième trimestre 2020 par Pollina, à Chasnais.

les prolos au BTP
Les BOURGEOIS á Noirmoutier
PÉNICAUD À L'ASSEMBLÉE

Tousser dans son coude

Ne pas se serrer la main

Se serrer les coudes

H
TCHIA
SNIRFL

Silence à la ville

Gazouillis de la mésange

Mômes à la maison

Pueblo.

Pas de Guingamp - Lille

À la place un vieux Bourvil -

Soirée Lexomil

Raoult charlatan ?

Raoult président ?

Raoult de printemps

Note : Le 25 février 2020, le professeur Didier Raoult annonce la « fin de partie » pour le coronavirus, et déclare que la chloroquine est « probablement le traitement le moins cher et le plus simple pour traiter la maladie ».

HLORO
UINE
EXTRA

Compter les étoiles

Regarder monter la lune -

Se faire un peu chier

JOURS
ÉTOILES
Pueblo.

Tenir ses distances

Tempérer nos attirances -

S'aimer malgré tout

M. la Mine

À qui es-tu, Ô ma rue...

Quand la foule

Ne te foule plus ?

Je pourrais en profiter

Lire tout Schopenhauer -

Je suis un branleur

Falsifier l'attestation

Feindre le footing –

Faire les foufous chez Fanfan

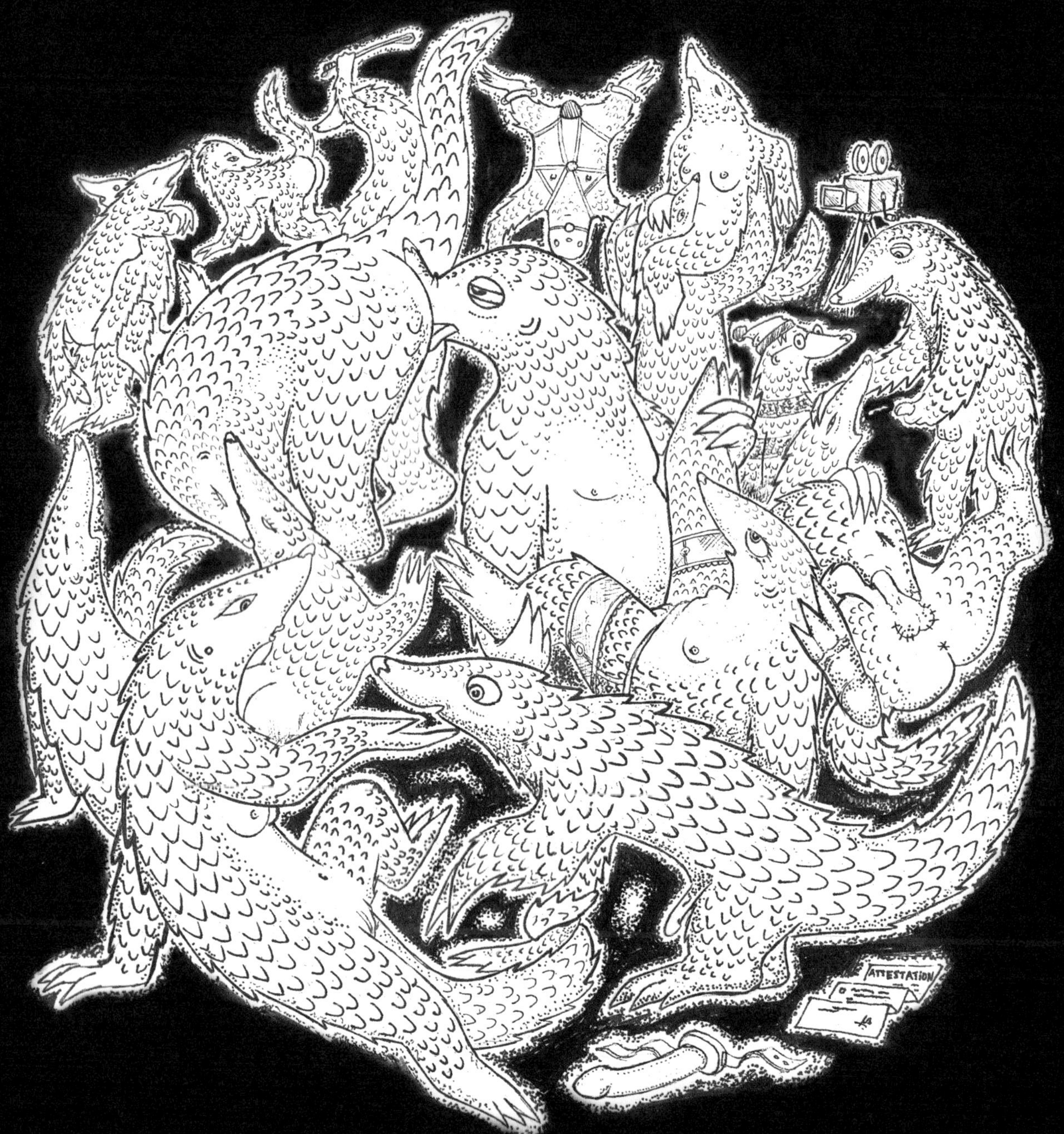
ATTESTATION

Préface aux psychoses

Vu passer pangolin rose –

Spectre en cellulose

Note : Dès la mi-mars, les mesures de confinement s'accompagnent, dans de nombreux pays, d'une poussée de « fièvre de stockage » de produits de première nécessité, au premier rang desquels les pâtes alimentaires… et le papier toilette !

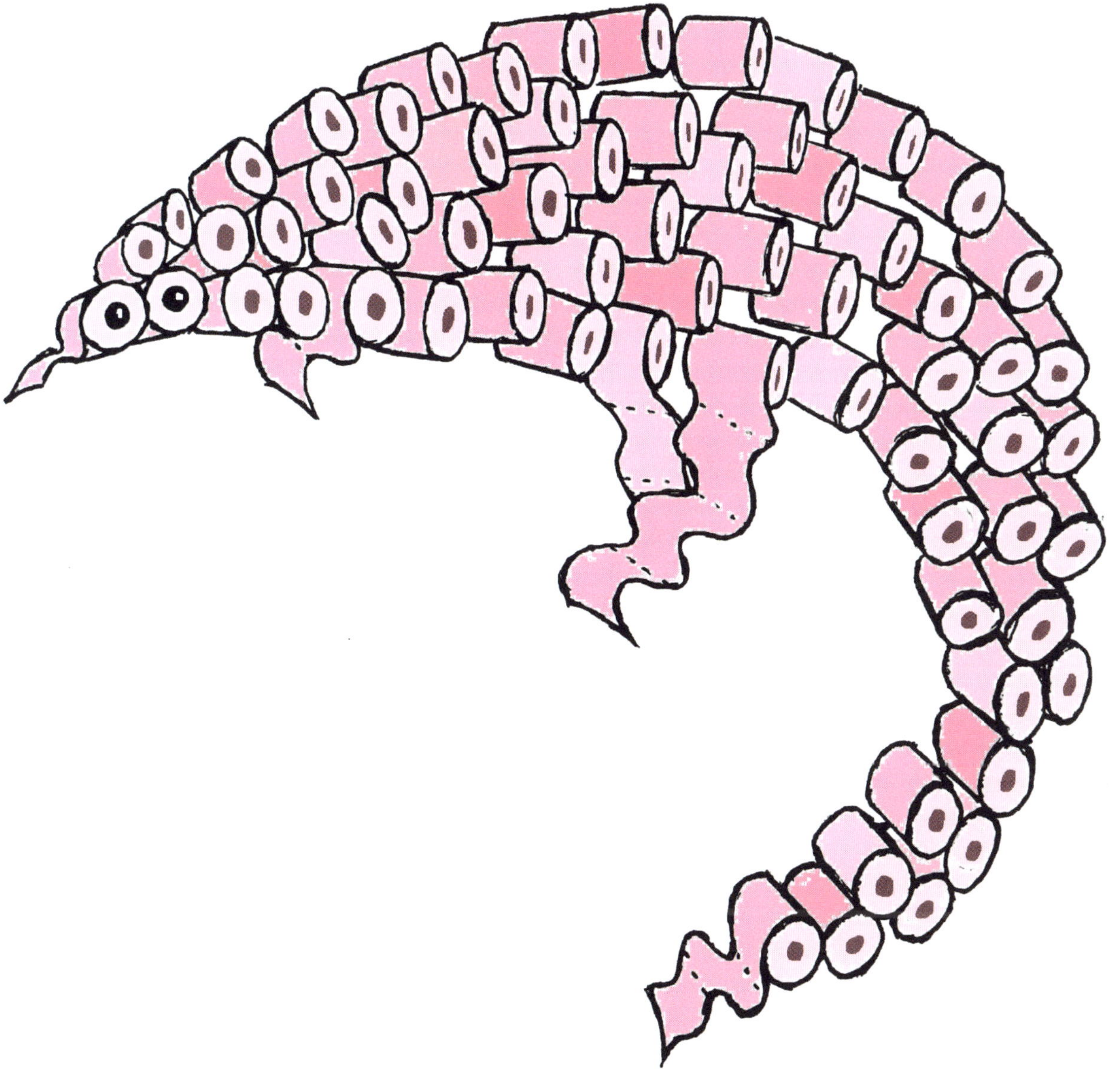

Coro... quoi ?! Où ça ?!

Pas chez nous, en tous cas ! -

Virus chinois

S'indigner, applaudir

Oublier...

Et voter Macron

Note : À partir du 17 mars, les français prennent l'habitude d'applaudir à leurs fenêtres tous les soirs à 20h pour remercier le personnel soignant. Personnel soignant qui demande depuis des années des lits supplémentaires pour l'hôpital public - lits qui manquent toujours au moment où nous imprimons ce livre.

FOUS
REVOLUTION
ACAB
CLAP CLAP CLAP CLAP CLAP CLAP CLAP CLAP CLAP CLAP CLAP CLAP CLAP CLAP CLAP CLAP CLAP CLAP CLAP CLAP CLAP CLAP CLAP CLAP CLAP

Rimailleur, qui marie

« Régime pénitentiaire »

et « Gestes barrières »

Note : Le 25 mars, la Haut-Commissaire aux droits de l'Homme de l'ONU Michelle Bachelet appelle à la libération urgente de détenus à travers le monde pour éviter que la pandémie de Covid-19 ne fasse des « ravages » dans les prisons souvent surpeuplées.

Vivre

Sous la menace du COVID

Entre Wuhan et Madrid

Grands espoirs et utopies

Quand tout ça sera fini

Manger un tacos

Au P4 de Wuhan

Démiurges, sombres desseins

Châtiment divin ?

Note : Fin janvier 2020, des théories commencent à circuler sur les réseaux sociaux selon lesquelles le SARS-CoV-2 se serait échappé accidentellement du laboratoire P4 de Wuhan, en Chine – voire y aurait été conçu pour nuire.

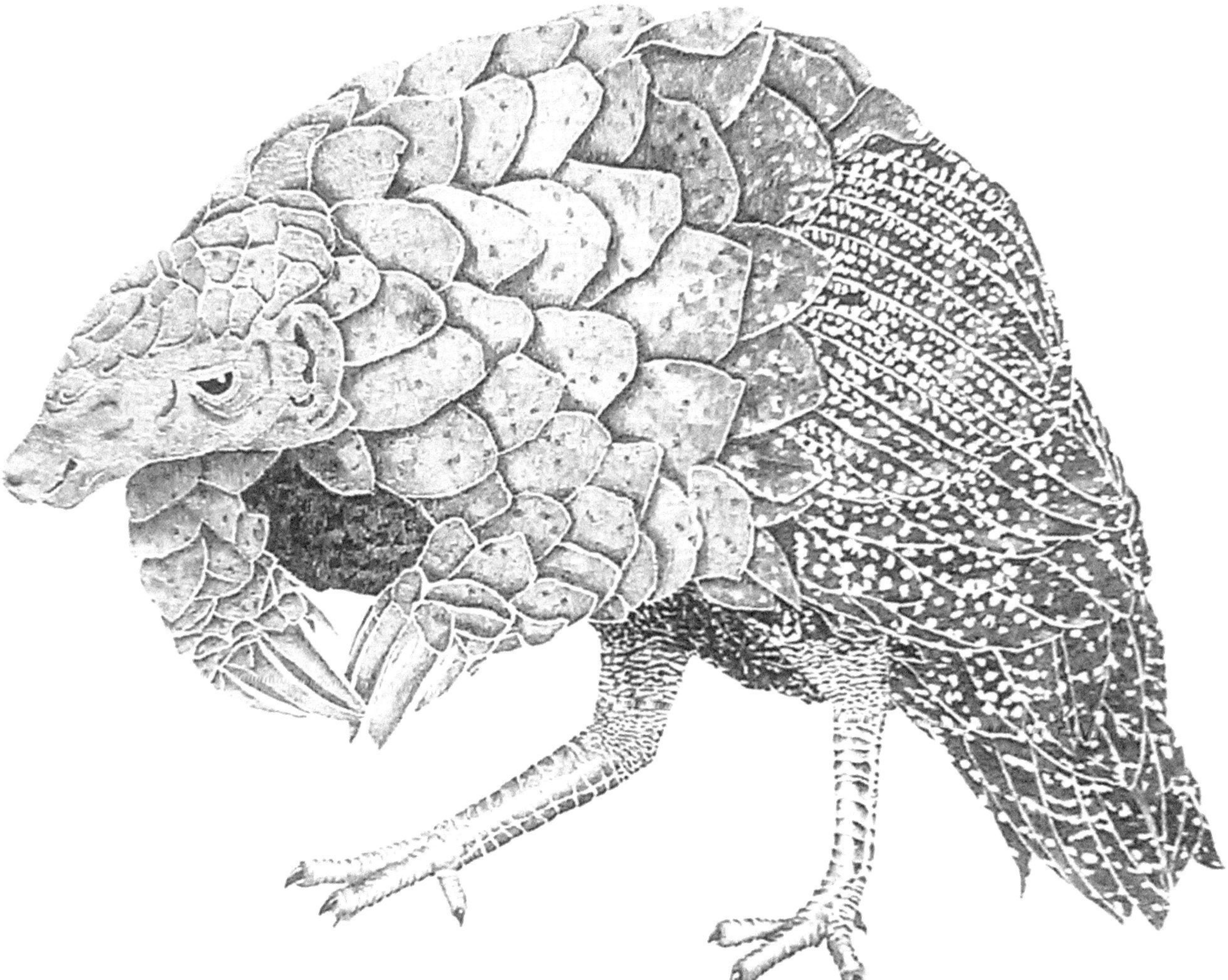

« Dix sushis saumon »

Commande Simon –

Et pour Souleyman ?

Note : Pendant toute la durée du confinement, des livreurs Uber continuent de livrer des repas à domicile. Mi-mai, la plateforme californienne annonce leur licenciement à 3 500 de ses employés, par visioconférence.

Über

Églantine en fleur

Le printemps est revenu –

« Fous la saison sept ! »

Note : Avec le confinement, l'utilisation des plateformes de streaming explose. Mi-mars, la Commission européenne demande à Netflix – qui représente 20% du trafic internet français – de limiter la résolution de ses vidéos pour libérer de la bande passante, notamment pour le télétravail.

Et pleuvent les milliards

Flots d'or ? Monnaie de singe ?

Monnaie de pangolin ?

Note : Fin mars, les premiers plans d'urgence de soutien à l'économie sont annoncés. C'est la valse des milliards. La BCE promet d'injecter 1000 milliards dans l'économie européenne. On retiendra que l'argent n'est pas un problème.

IN COVID WE TEST
TESTING
MASK FOR ALL
CHLORO
ONE PANGO
ONE
C.Swijsen

Juin 2022

Frigo vide et ventre creux

Ai mangé Médor

J'aurais cent fois eu le temps
D'apprendre le mandarin
Je suis un vaurien

Viager en janvier

Champagne en juillet !

Noces d'argent aux Caïmans

En coloc' à dix

Confinés et bordéliques

Où est ma huit-six ?

Marie-marguerite

Confinée dans son T8

Bande son : Franz Liszt

BIOMARK
LISZT
LISZT
LISZT

Derniers de cordée

Confinés collés-serrés

Fallait traverser !

Note : Rappelons ici deux sorties désormais fameuses d'Emmanuel Macron.
La première, lors d'une allocution télévisée le 15 octobre 2017 : « Je crois à la cordée, il y a des hommes et des femmes qui réussissent parce qu'ils ont des talents, je veux qu'on les célèbre [...] Si l'on commence à jeter des cailloux sur les premiers de cordée c'est toute la cordée qui dégringole ».
La seconde le 15 septembre 2018 à Paris, lancée à un jeune homme lui expliquant qu'il ne trouve pas d'emploi malgré ses efforts : « Je traverse la rue et je vous trouve un travail ».

Décroissance et corollaire

Sur le Larzac on vénère

Le dieu Pangolin

Note : Le mercredi 18 mars, le projet de loi de finances rectificative fixe l'hypothèse d'un recul du PIB de 1 % pour 2020. Au moment d'imprimer le livre, les prévisions atteignent 9%. L'heure de la décroissance a sonné ?

C. Swijsen

Hier c'était « Chloroquine ! »

Aujourd'hui c'est « Nicotine ! »

Demain quoi ? Mort-aux-rats ?!

Note : En avril, plusieurs études paraissent qui accréditent l'hypothèse selon laquelle la nicotine réduirait les risques de contamination par le virus. En revanche, les fumeurs contaminés auraient plus de risques de contracter des formes sévères de la maladie.

En février au palais

Nul n'entendait, c'est étrange

Les héros en blouses blanches

Note : Le 12 mars, dans une allocution télévisée, Emmanuel Macron rend hommage aux soignants en exprimant « la reconnaissance de la Nation à ses héros en blouses blanches ». Des héros en grève depuis plus d'un an pour alerter sur leurs conditions de travail.

DES
VAL

« Rien qu'une grippette

Qui passera au printemps »

Avait dit le président

Note : Au début de l'épidémie, alors que le nombre de cas aux États-Unis se limite à quelques dizaines, Donald Trump fanfaronne face à ce qu'il qualifie de « banale grippe ». Quelques semaines plus tard, le pays est l'un des plus sévèrement touchés par le virus.

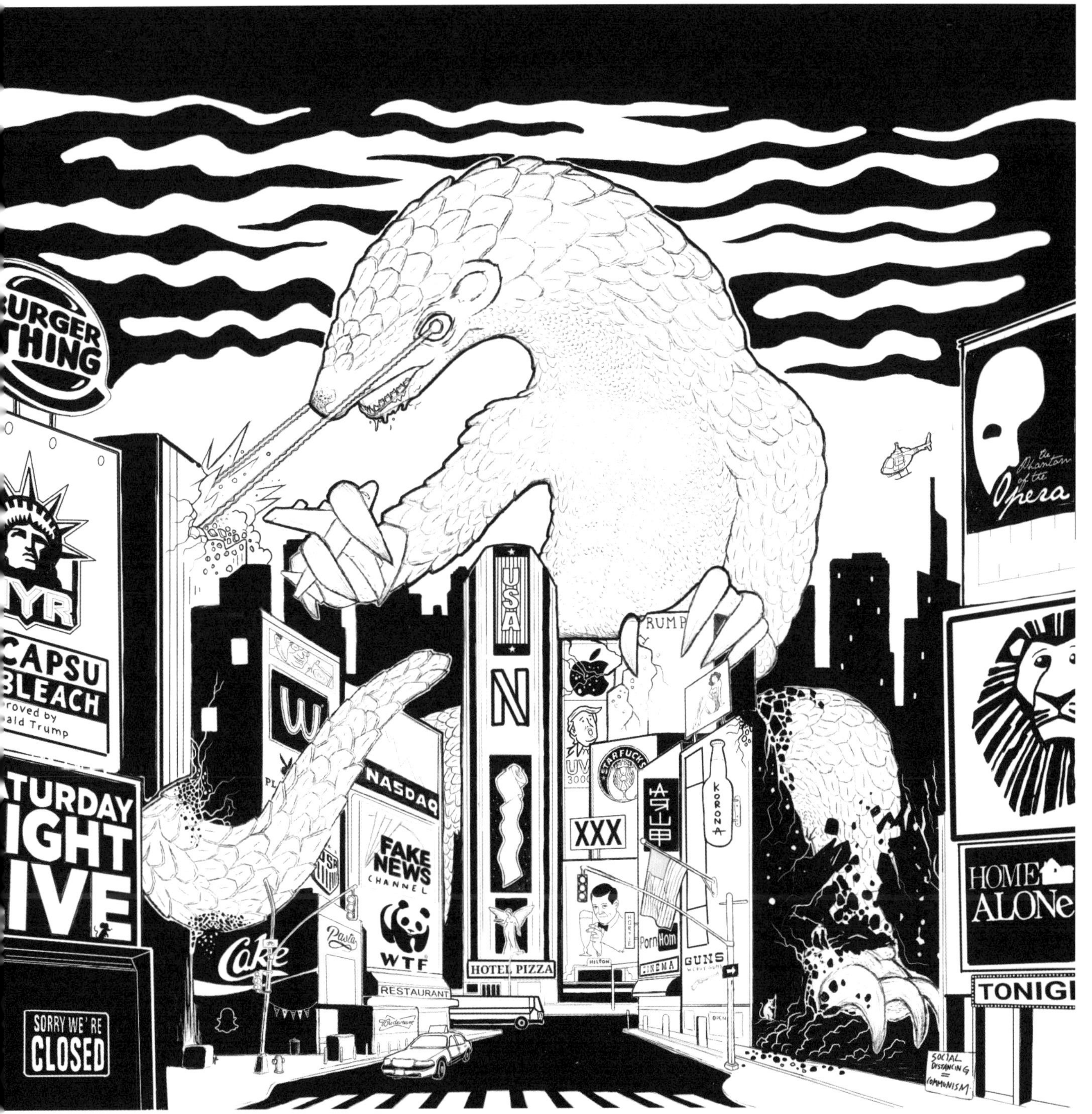
BURGER THING
YR
CAPSU
BLEACH
roved by
ald Trump
ATURDAY
IGHT
IVE
SORRY WE'RE CLOSED
Cake
Pasta
NASDAQ
FAKE NEWS CHANNEL
WTF
RESTAURANT
USA
N
HOTEL PIZZA
RUMP
STARFUCKS
XXX
KORONA
PornHom
CINEMA
GUNS
HILTON
the Phantom of the Opera
HOME ALONe
TONIGI
SOCIAL DISTANCING = COMMUNISM

Pénurie de clientèle

Aux commerces parallèles -

Plan d'urgence pour l'engeance ?

Note : Début avril, des associations de défense des travailleuses du sexe, frappées par « une insécurité financière extrême » depuis la mise en œuvre du confinement, demandent à Emmanuel Macron la création d'un fonds d'urgence.

AMOUR

Coït et Covid

Tests, expérimentations

Nouveaux horizons

Note : Rétablissons ici la triste vérité ! Selon un sondage IFOP de mai 2020, 44 % des Français affirment ne pas avoir eu de rapports sexuels au cours des quatre dernières semaines, contre 26 % avant le confinement, cette baisse de libido touchant autant les couples que les célibataires.

En supposant qu'à Wuhan

Le grand marché fut vegan...

Concluez, carnistes !

Note : Dès le mois de janvier 2020, le « marché de gros de fruits de mer » de Wuhan est désigné comme probable épicentre de la pandémie. Avant sa fermeture, on trouvait entre autres sur ses étals : chiens, blaireaux, serpents, rats, chauve-souris, pangolins... la plupart vendus illégalement, et potentiellement porteurs du SARS-CoV-2.

VAL

Toi : méditation

Lui : trois-huit et livraisons

Souviens-toi, bourgeois !

Javel en gelée

Rôti aux UV

Farandole de bullshit

Note : Mi-avril. En conférence de presse à la Maison Blanche, Donald Trump préconise une cure d'ultraviolets et des injections de javel pour guérir du coronavirus.

T

Bris de verre et éthanol

Génocide de bagnoles

Plan vélo, au vitriol

Note : Alors que la France se déconfine, le ministère de la « Transition écologique et solidaire » annonce un Plan vélo de 20 millions d'euros.
Deux semaines plus tard, le gouvernement débloque 8 milliards - soit 400 fois plus - pour le secteur automobile, sous forme d'un prêt garanti et d'aides à l'achat.

RAF

COVID et intermittence

Hécatombe sur les planches

Année noire ? Année blanche ?

Note : Alors que la saison des festivals approche et que les annulations s'accumulent, les intermittents du spectacle se mobilisent pour demander une « année blanche ». Évoquée début mai par Emmanuel Macron, elle sera définitivement actée le 26 juillet.

Gaïa libérée

Symbiose et fraternité –

Reprise en approche

Note : Conséquences du confinement, de nombreux animaux sont observés dans les villes partout dans le monde : puma à Santiago de Chile, dauphins dans le port de Cagliari, canards sur le périphérique parisien, koala à Victoria...
En France, le répit se termine le 11 mai. « Fin de partie » pour les animaux !

HAPPY

Gros cylindres, grand tourisme

Confinés sur le périph

Hommage à Ivan Illich

Note : Le 11 mai, jour du déconfinement, les routes d'Île-de-France cumulaient 48 kilomètres de bouchons en début de matinée. C'est moins que la moyenne, mais rassurez-vous, tout est rentré dans l'ordre depuis !

FREEDOM
EXIT
SORTIE
YOUPI ©
ONLINE
BROL

Privatiser ADP

Renflouer Air France –

Bruno & Manu

Note : Début 2019, le gouvernement annonce sa volonté de revendre Groupe ADP (Aéroports de Paris), alors même que l'entreprise, détenue à 50,6 % par l'État, affichait 610 millions d'euros de profits en 2018. Au printemps 2020, le même gouvernement débloque 15 milliards d'euros pour soutenir la filière aéronautique, sous forme d'aides, d'investissements et de prêts et garanties.
De quoi corroborer la formule : « Privatisation des profits, socialisation des pertes ».

ARGENT PUBLIC
FONDS PRIVES

Destinée

On était tous les deux

Destinés

Faire taire la piétaille

Distribuer des médailles –

Empereur de pacotille !

Note : Le 13 mai, le gouvernement annonce qu'une « médaille de l'engagement face aux épidémies » sera remise à certains soignants qui ont pris part à la lutte contre le Covid-19.

M.

Pour Patricia, pas de prime

Déprime -

Sous-traitance, maltraitance

Note : Pendant le confinement, des corps de métiers peu considérés et peu rémunérés ont permis au pays de continuer à tourner. Fin mai, le député François Ruffin rédige une proposition de loi visant à améliorer les conditons de travail des femmes de ménage. Les articles prévoyant les mesures phares du projet seront rejetés par la majorité.

Délivrez-les !

Des livres, mais...

Librairies de quartier !

Note : Alors que les librairies ferment avec le confinement, Amazon continue de vendre et d'expédier des livres, et enregistre des records de cotation en Bourse. Le 14 avril, la société est condamnée par le tribunal de Nanterre à ne livrer que les « commandes de produits alimentaires, d'hygiène et médicaux » – condamnation justifée par le fait qu'Amazon a « de façon évidente méconnu son obligation de sécurité et de prévention de la santé des salariés ».

Chassé, le corona ?

Au galop reviendra !

Vague deux ? Vague Troie ?

M. LA MINE

Éloge de la lenteur

Choix du petit producteur

Marianne et ses masques

Note : Au début de l'épidémie, le gouvernement français assure que le port généralisé du masque est inutile, voire « contre-productif ». Début avril, l'exécutif fait volte-face. Le peu de masques disponibles et l'incapacité du gouvernement à organiser leur production font polémique.

PKLX

Profession : phare et prophète

Au pays de l'anisette –

Notre-Didier-de-la-garde

Note : Fin mai. Alors que les études discréditant l'efficacité de la chloroquine s'enchaînent, le professeur Didier Raoult continue de recueillir le soutien des marseillais. Bougies, tatouages, banderoles... la « Raoult-mania » bat son plein !

Virus à terre

Troquets rouverts

À notre... santé ?

Note : Le 2 juin, les bars, cafés et restaurants rouvrent progressivement leurs portes.

WC

Ambitions écologiques

Ou relance économique

Corona... heurt de choix !

Note : Conséquence de la pandémie, les émissions de dioxyde de carbone pourraient baisser de 8% en 2020. Quoi qu'il en soit, en l'absence de changement systémique, cette baisse restera temporaire et sans impact sur le réchauffement climatique.

SPACEX
RECYCLE
alex mayo

Ô ! Mon beau pangolin !

Que nous arrive-t-il ? -

Haïku de foudre

Il a poussé par ici

Il repoussera par là

Il court, il court, Corona

M.

Ne vendons pas trop tôt

La peau du pangolin -

Proverbe alsacien

Note : Particulièrement touché par la maladie, le Grand Est reste classé « rouge » lors du déconfinement. Les autorités sanitaires craignent une reprise de l'épidémie dans la région.

COVID et Collapse

Sont dans un bateau

Boivent l'apéro

Et Big Brother remercie

Petite soeur Pandémie -

Virus vigilant

Note : Début juin, l'application gouvernementale « Stop Covid » est lancée. Censée permettre de « prévenir les personnes qui ont été en contact avec un malade testé positif », elle fait l'objet de vives critiques la jugeant liberticide.

ALEX
MAYO

Vacances en Creuse

Vacances heureuses -

Été Corona

ŒUFS FRAIS
FROMAGES

Chère pandémie,
N'oublie pas les Balkany
En partant. Merci.

CRÉDITS
ILLUSTRATIONS

Gautier Ds : pages 3, 9, 19, 27, 33, 37, 43, 47, 57, 65, 77, 95, 105.

Jean Chauvelot : gardes + pages 5, 17, 29, 75, 89, 97, 107.

Gabriel Leonard : couverture + pages 11, 39, 51, 79.

Un Faux Graphiste & Penseur Étoile : page 101.

M. la Mine : pages 15, 25, 85, 91, 103.

Raphaël Caloone : pages 53, 63, 73, 111.

Etienne Panier : ci-contre + pages 45, 69, 87.

VAL - Valentin Dellieu : pages 59, 67, 79.

LePueblo : pages 7, 13.

Jérémy Fratczak : pages 21, 61.

Christophe Swijsen : pages 41, 55, 71.

Olma Niak : pages 31, 49.

Julien Faye : page 23.

Alex Mayo : pages 99, 109.

Marie Dupasquier : page 35.

Brice Dumas : page 112.

Marine Loscos : page 83.

Pascal Locqueneux : page 93.

CONSEILS DE LECTURE

IMPARFAITEMENT IMPARTIAUX

Chroniques Explosives
Éditions Rouquemoute
Jean Chauvelot

Encyclopédie non exhaustive des savoirs approximatifs
Éditions Delcourt
M. la Mine

Être Papa
Auto-édition
LePueblo - Lolopoulet

Highway to love
Éditions Casterman
Jean Chauvelot

Monstrorum Catalogo
Éditions Calaveras
Etienne Panier

30 lutins
Auto-édition
LePueblo